Adventures in Two Languages: Dutch-English Stories for Kids

Coledown Bilingual Books

Published by Coledown Bilingual Books, 2023.

While every precaution has been taken in the preparation of this book, the publisher assumes no responsibility for errors or omissions, or for damages resulting from the use of the information contained herein.

ADVENTURES IN TWO LANGUAGES: DUTCH-ENGLISH STORIES FOR KIDS

First edition. September 9, 2023.

ISBN: 979-8223093084

Written by Coledown Bilingual Books.

Table of Contents

De Avonturen van Kasper de Kat

Er was eens een kleine kat genaamd Kasper. Kasper was niet zomaar een kat; hij was een nieuwsgierige kat. Hij hield ervan om nieuwe dingen te ontdekken en avonturen te beleven.

Op een zonnige ochtend besloot Kasper dat het tijd was voor een groot avontuur. Hij glipte stilletjes uit het raam en begon zijn reis door het bos. Onderweg ontmoette hij allerlei dieren - van konijntjes tot vogels en zelfs een vriendelijke egel genaamd Emma.

Samen met Emma ging Kasper op zoek naar de mysterieuze schat die diep in het bos verborgen lag. Ze volgden een kaart met aanwijzingen en beleefden onderweg allerlei spannende avonturen. Ze kwamen bij een bruisende rivier die ze moesten oversteken en ontmoetten een oude uil die hen wijze raad gaf.

Eindelijk, na vele avonturen en obstakels, bereikten Kasper en Emma de plek waar de schat begraven lag. Ze begonnen te graven en tot hun verbazing vonden ze een kist vol glinsterende juwelen en kleurrijke edelstenen. De schat was prachtig, maar Kasper besefte dat het ware avontuur de vriendschap was die hij onderweg had gevonden.

Met de schat veilig in hun poten keerden Kasper en Emma terug naar hun huis. Ze deelden hun verhalen met hun vrienden en lachten om de grappige momenten die ze hadden meegemaakt.

En vanaf die dag wist Kasper dat het grootste avontuur van allemaal de vriendschap was die je onderweg kunt vinden.

En zo eindigde het avontuur van Kasper de kat, maar het was pas het begin van vele nieuwe avonturen die hij samen met zijn vrienden zou beleven in het bos.

The Adventures of Kasper the Cat

Once upon a time, there was a little cat named Kasper. Kasper wasn't just any cat; he was a curious cat. He loved to discover new things and have adventures.

One sunny morning, Kasper decided it was time for a big adventure. He quietly slipped out of the window and began his journey through the forest. Along the way, he met all kinds of animals - from rabbits to birds and even a friendly hedgehog named Emma.

Together with Emma, Kasper set out to find the mysterious treasure hidden deep in the forest. They followed a map with clues and had exciting adventures along the way. They reached a rushing river they had to cross and met an old owl who gave them wise advice.

Finally, after many adventures and obstacles, Kasper and Emma reached the spot where the treasure was buried. They started to dig, and to their amazement, they found a chest full of glittering jewels and colorful gemstones. The treasure was beautiful, but Kasper realized that the true adventure was the friendship he had found along the way.

With the treasure safely in their paws, Kasper and Emma returned to their home. They shared their stories with their friends and laughed at the funny moments they had experienced.

And from that day on, Kasper knew that the greatest adventure of all was the friendship you could find along the way.

And so ended the adventure of Kasper the cat, but it was only the beginning of many new adventures he would have with his friends in the forest.

De Dappere Kleine Eend

In een rustig meer, omringd door hoge rietstengels, leefde een dappere kleine eend genaamd Evert. Evert was anders dan de andere eenden in het meer. Terwijl zij hun dagen doorbrachten met dobberen en kwaken, droomde Evert van avontuur.

Op een dag, terwijl de zon hoog aan de hemel stond, zag Evert iets schitteren aan de overkant van het meer. Het was een prachtige witte lelie die in het midden van het meer groeide. Evert wilde die lelie hebben, maar er was een probleem: het meer was diep en vol gevaarlijke waterplanten.

Met een kloppend hart besloot Evert dat hij de lelie moest bereiken. Hij zwom vastberaden door het kalme water en ontweek behendig de gevaarlijke planten. Zijn vrienden aan de kant riepen hem toe om terug te komen, maar Evert gaf niet op.

Uiteindelijk bereikte Evert de prachtige lelie en plukte deze voorzichtig. Hij voelde zich trots en gelukkig. Maar toen hij zich omdraaide om terug te zwemmen, merkte hij dat de wind was opgestoken en het water veel ruiger was geworden.

Evert worstelde en ploeterde door de golven en de sterke wind, maar hij gaf niet op. Met al zijn moed en vastberadenheid bereikte hij eindelijk de oever, waar zijn vrienden opgelucht op hem wachtten.

Evert had zijn avontuur beleefd en de prachtige lelie als beloning. Maar belangrijker nog, hij had bewezen dat zelfs een kleine eend grootse dingen kon bereiken als hij moedig was en nooit opgaf.

En zo leefde Evert verder aan het rustige meer, wetende dat hij altijd zijn dromen kon volgen en avonturen kon beleven, hoe klein of groot ze ook waren.

The Brave Little Duck

In a tranquil lake, surrounded by tall reeds, lived a brave little duck named Evert. Evert was different from the other ducks in the lake. While they spent their days floating and quacking, Evert dreamt of adventure.

One day, as the sun shone high in the sky, Evert saw something shimmering across the lake. It was a beautiful white lily growing in the middle of the lake. Evert wanted that lily, but there was a problem: the lake was deep and filled with dangerous water plants.

With a pounding heart, Evert decided he had to reach the lily. He swam determinedly through the calm water, skillfully avoiding the perilous plants. His friends on the shore called out for him to come back, but Evert didn't give up.

Eventually, Evert reached the beautiful lily and plucked it gently. He felt proud and happy. But when he turned to swim back, he noticed that the wind had picked up, and the water had become much rougher.

Evert struggled and paddled through the waves and the strong wind, but he didn't give up. With all his courage and determination, he finally reached the shore, where his friends waited with relief.

Evert had experienced his adventure and had the beautiful lily as a reward. But, more importantly, he had proven that even a little duck could achieve great things when he was brave and never gave up.

And so Evert continued to live by the tranquil lake, knowing that he could always pursue his dreams and have adventures, no matter how small or big they might be.

De Magische Boomhut

In een klein dorpje aan de rand van het bos, woonden twee beste vrienden, Lisa en Tim. Ze deelden alles, van geheimen tot lachbuien. Maar wat ze het meest deelden, was hun liefde voor avontuur.

Op een zonnige dag, terwijl ze door het bos liepen, ontdekten ze een oude boom met een deur erin. De boom was reusachtig en zag er betoverend uit. Lisa en Tim konden hun nieuwsgierigheid niet bedwingen. Ze openden de deur en stapten naar binnen.

Tot hun verbazing bevonden ze zich in een prachtige boomhut, hoog boven de grond. De boomhut was magisch versierd met fonkelende lichten en kleurrijke tapijten. Het was een betoverende plek.

Terwijl ze de hut verkenden, merkten Lisa en Tim dat er deuren waren naar verschillende avontuurlijke werelden. De ene deur leidde naar een oerwoud vol pratende dieren, de andere naar een betoverd kasteel bewoond door vriendelijke draken.

Elke dag kozen Lisa en Tim een nieuwe deur om doorheen te gaan, en ze beleefden de meest ongelooflijke avonturen. Ze werden vrienden met elven, vonden verborgen schatten en hielpen zelfs een eenzame trol zijn glimlach terug te krijgen.

Maar op een dag besloten Lisa en Tim terug te keren naar hun dorp. Ze hadden zoveel geleerd en zoveel avonturen beleefd, maar ze misten hun families en vrienden.

Ze sloten de deur van de magische boomhut en keerden terug naar huis, met hun harten vol herinneringen aan de ongelooflijke avonturen die ze hadden meegemaakt.

En hoewel ze terug waren in hun vertrouwde dorp, wisten Lisa en Tim dat avonturen overal op hen wachtten, zelfs in de meest onverwachte plaatsen.

The Magical Treehouse

In a small village on the edge of the forest lived two best friends, Lisa and Tim. They shared everything, from secrets to fits of laughter. But what they shared most was their love for adventure.

One sunny day, as they walked through the forest, they discovered an old tree with a door in it. The tree was gigantic and looked enchanting. Lisa and Tim couldn't resist their curiosity. They opened the door and stepped inside.

To their amazement, they found themselves in a beautiful treehouse high above the ground. The treehouse was magically adorned with sparkling lights and colorful carpets. It was an enchanting place.

As they explored the treehouse, Lisa and Tim noticed there were doors to different adventurous worlds. One door led to a jungle full of talking animals, another to an enchanted castle inhabited by friendly dragons.

Every day, Lisa and Tim chose a new door to go through, and they experienced the most incredible adventures. They became friends with elves, discovered hidden treasures, and even helped a lonely troll regain his smile.

But one day, Lisa and Tim decided to return to their village. They had learned so much and had so many adventures, but they missed their families and friends.

They closed the door of the magical treehouse and returned home, their hearts filled with memories of the incredible adventures they had experienced.

And although they were back in their familiar village, Lisa and Tim knew that adventures awaited them everywhere, even in the most unexpected places.

De Bijzondere Bloem

In een vredig dorpje aan de rand van een kleurrijk bos woonde een jong meisje genaamd Eva. Eva was dol op bloemen en bracht haar dagen door in de tuin van haar grootmoeder, waar de mooiste bloemen groeiden.

Op een warme zomerochtend ontdekte Eva iets bijzonders tussen de bloemen. Het was een kleine, glinsterende zaadje dat schitterde als een ster. Eva besloot het zaadje in de grond te planten en er goed voor te zorgen. Ze gaf het water en zong liedjes voor het zaadje om het te laten groeien.

Langzaam begon het zaadje te ontkiemen en groeide het uit tot een prachtige bloem die Eva nog nooit had gezien. De bloem had bloemblaadjes van alle kleuren van de regenboog en een betoverende geur die de hele tuin vulde.

Op een dag, terwijl Eva naast de bijzondere bloem zat, hoorde ze een zachte stem. De bloem begon te praten! Het vertelde Eva dat het een magische bloem was en dat het de kracht had om wensen te vervullen.

Eva kon haar oren niet geloven. Ze maakte een wens om het dorp mooier te maken, en plotseling begonnen alle bloemen in de tuin van haar grootmoeder te stralen in heldere kleuren. Het hele dorp was verbaasd en kwam naar de tuin om de prachtige bloemen te bewonderen.

Eva besloot haar wensen te delen met anderen. Ze vroeg haar vrienden en buren wat ze wensten, en de magische bloem vervulde al hun wensen. Het dorp bloeide op en werd een plek vol vreugde en geluk.

Maar op een dag besefte Eva dat de magische bloem wilde vertrekken en andere mensen en plaatsen gelukkig wilde maken. Hoewel het moeilijk was om afscheid te nemen, begreep Eva dat ware magie in het delen van geluk met anderen lag.

De magische bloem vloog weg in de wind, maar de herinneringen aan de bijzondere bloem en de vreugde die het had gebracht, bleven voor altijd in het hart van Eva en het hele dorp.

En zo leefde Eva verder, wetende dat de mooiste bloemen van allemaal degenen waren die vreugde en liefde brachten aan iedereen om hen heen.

The Special Flower

In a peaceful village on the edge of a colorful forest lived a young girl named Eva. Eva loved flowers and spent her days in her grandmother's garden, where the most beautiful flowers grew.

One warm summer morning, Eva discovered something special among the flowers. It was a small, sparkling seed that shone like a star. Eva decided to plant the seed in the ground and take good care of it. She watered it and sang songs to help it grow.

Slowly, the seed began to sprout and grew into a beautiful flower that Eva had never seen before. The flower had petals of all the colors of the rainbow and an enchanting scent that filled the entire garden.

One day, while Eva sat next to the special flower, she heard a soft voice. The flower started to talk! It told Eva that it was a magical flower and had the power to grant wishes.

Eva couldn't believe her ears. She made a wish to make the village more beautiful, and suddenly, all the flowers in her grandmother's garden began to shine in bright colors. The whole village was amazed and came to the garden to admire the beautiful flowers.

Eva decided to share her wishes with others. She asked her friends and neighbors what they wished for, and the magical flower granted all their wishes. The village blossomed and became a place full of joy and happiness.

But one day, Eva realized that the magical flower wanted to leave and make other people and places happy. Although it was difficult to say goodbye, Eva understood that true magic lay in sharing happiness with others.

The magical flower flew away in the wind, but the memories of the special flower and the joy it had brought remained forever in Eva's heart and the hearts of the whole village.

And so Eva continued to live, knowing that the most beautiful flowers of all were the ones that brought joy and love to everyone around them.

De Glimlach van de Maan

In een klein dorp aan de rand van een groot bos leefde een meisje genaamd Luna. Luna was altijd gefascineerd door de maan. Elke avond zat ze aan het raam en staarde naar de heldere maan in de nachtelijke hemel.

Op een bijzondere nacht, toen de maan vol en stralend was, besloot Luna een wens te doen. Ze sloot haar ogen, vouwde haar handen en fluisterde een geheime wens naar de maan. Ze wenste dat de maan naar beneden zou komen, zodat ze hem van dichtbij kon zien.

Tot haar verbazing gebeurde er iets magisch. De maan begon te dalen, steeds dichter bij de aarde. Luna wist niet wat ze moest doen, maar ze kon haar ogen niet afwenden van de naderende maan.

Uiteindelijk landde de maan zachtjes in de tuin van Luna. Hij straalde met een zachte gloed en leek te glimlachen naar het meisje. Luna voelde zich vereerd en durfde dichterbij te komen.

De maan begon te praten en vertelde Luna over zijn avonturen in de nachtelijke hemel. Hij deelde verhalen over de sterren en de planeten en nam haar mee op een reis door de melkweg.

Luna en de maan brachten vele nachten samen door, pratend en lachend. Ze deelden geheimen en dromen en werden de beste vrienden.

Maar na verloop van tijd besefte Luna dat de maan thuishoorde in de nachtelijke hemel en niet op aarde. Met een bedroefd hart vroeg ze de maan om terug te keren naar de hemel.

De maan glimlachte naar Luna, gaf haar een zachte knuffel en steeg weer op in de nachtelijke lucht. Hoewel Luna de maan miste, wist ze dat hij altijd naar haar zou kijken vanuit de hemel.

En elke nacht, als Luna naar de maan keek, voelde ze zich gelukkig, wetende dat hun vriendschap voor altijd zou stralen, net als de glimlach van de maan.

The Moon's Smile

In a small village on the edge of a vast forest lived a girl named Luna. Luna was always fascinated by the moon. Every evening, she sat by the window and gazed at the bright moon in the night sky.

On a special night when the moon was full and radiant, Luna decided to make a wish. She closed her eyes, folded her hands, and whispered a secret wish to the moon. She wished for the moon to come down so she could see it up close.

To her amazement, something magical happened. The moon began to descend, getting closer and closer to the Earth. Luna didn't know what to do, but she couldn't take her eyes off the approaching moon.

Eventually, the moon landed gently in Luna's garden. It radiated with a soft glow and seemed to be smiling at the girl. Luna felt honored and dared to come closer.

The moon began to speak and told Luna about its adventures in the night sky. It shared stories about the stars and the planets and took her on a journey through the Milky Way.

Luna and the moon spent many nights together, talking and laughing. They shared secrets and dreams and became best friends.

But over time, Luna realized that the moon belonged in the night sky and not on Earth. With a heavy heart, she asked the moon to return to the heavens.

The moon smiled at Luna, gave her a gentle hug, and rose back into the night sky. Although Luna missed the moon, she knew that it would always watch over her from the heavens.

And every night, as Luna looked at the moon, she felt happy, knowing that their friendship would shine forever, just like the smile of the moon.

De Magische Klok

In een oud dorp, verscholen tussen hoge bergen, stond een bijzondere klok op het dorpsplein. Deze klok was niet zomaar een klok; hij was magisch. Hij kon de tijd niet alleen meten, maar ook gebeurtenissen in de toekomst voorspellen.

Het dorp was klein maar hecht, en de inwoners hielden van hun magische klok. Elke ochtend en avond verzamelden ze zich op het dorpsplein om te horen welke voorspelling de klok voor die dag had.

Op een dag verscheen er een vreemdeling in het dorp, een jongen genaamd Milo. Hij was nieuwsgierig en vroeg zich af of de verhalen over de magische klok waar waren. Hij besloot het dorpsplein te bezoeken om te zien wat de klok te zeggen had.

Toen de wijzers van de klok naar de voorspellingswoorden wezen, verkondigde de klok: "Vandaag zal een avontuur op je wachten in het diepe bos."

Milo, opgewonden door de voorspelling, besloot het bos in te trekken. Terwijl hij dieper het bos in ging, ontdekte hij een verlaten pad dat leidde naar een oude grot. Daar vond hij een schatkaart met aanwijzingen over waar een verborgen schat begraven lag.

Milo volgde de aanwijzingen op de kaart en beleefde onderweg spannende avonturen. Hij moest bruggen bouwen, raadsels oplossen en dieren helpen. Uiteindelijk vond hij de schat, een kist vol glinsterende edelstenen en gouden munten.

Terug in het dorp vertelde Milo over zijn avontuur en toonde hij de schat aan de verbaasde inwoners. Ze waren blij voor hem en bewonderden zijn moed.

Maar Milo besefte dat de echte schat niet de edelstenen waren, maar de vriendschappen die hij onderweg had gesloten en de herinneringen die hij had verzameld.

De magische klok had gelijk gehad; het avontuur had op hem gewacht in het bos, en Milo had geleerd dat de grootste schatten vaak niet in de schatkisten liggen, maar in de ervaringen die we delen met anderen.

En zo leefde Milo verder in het dorp, wetende dat avonturen altijd wachten, of je nu een magische klok hebt of niet.

The Magical Clock

In an old village nestled among high mountains, there stood a special clock in the village square. This clock wasn't just any clock; it was magical. It could not only measure time but also predict events in the future.

The village was small but close-knit, and its residents loved their magical clock. Every morning and evening, they gathered in the village square to hear what prediction the clock had for the day.

One day, a stranger appeared in the village, a boy named Milo. He was curious and wondered if the stories about the magical clock were true. He decided to visit the village square to see what the clock had to say.

As the clock's hands pointed to the prediction words, it declared, "Today, an adventure awaits you in the deep forest."

Excited by the prediction, Milo decided to venture into the forest. As he went deeper into the woods, he discovered an abandoned path that led to an old cave. There, he found a treasure map with clues about where a hidden treasure was buried.

Milo followed the clues on the map and had exciting adventures along the way. He had to build bridges, solve riddles, and help animals. Eventually, he found the treasure, a chest full of sparkling gemstones and golden coins.

Back in the village, Milo shared his adventure and showed the treasure to the astonished residents. They were happy for him and admired his courage.

But Milo realized that the real treasure wasn't the gemstones; it was the friendships he had formed along the way and the memories he had gathered.

The magical clock had been right; adventure had awaited him in the forest, and Milo had learned that the greatest treasures often don't lie in treasure chests but in the experiences we share with others.

And so Milo continued to live in the village, knowing that adventures always await, whether you have a magical clock or not.

De Avonturen van Joris de Ontdekker

In een rustig dorpje woonde een nieuwsgierig jongetje genaamd Joris. Hij had altijd al een passie voor ontdekkingen gehad. Elke dag na schooltijd ging hij op avontuur, op zoek naar nieuwe en verborgen schatten.

Op een warme zomerdag besloot Joris een oude kaart te volgen die hij in de zolder van zijn grootouders had gevonden. De kaart leidde naar een mysterieus eiland in het midden van een groot meer. Het eiland stond bekend als "Het Eiland van de Verborgen Geheimen."

Met zijn verrekijker in de hand en een rugzak vol snacks begon Joris zijn reis naar het eiland. Hij roeide in een oude roeiboot naar het midden van het meer en bereikte uiteindelijk het geheimzinnige eiland.

Daar ontdekte hij een betoverend bos vol kleurrijke bloemen en exotische vogels. Terwijl hij dieper het bos in liep, zag hij een glinsterende waterval die naar een schitterende grot leidde.

In de grot vond Joris een oude schatkist. Zijn ogen glinsterden van opwinding terwijl hij de kist opende. Binnenin lagen geen juwelen, maar iets nog waardevoller: een boek vol verhalen en avonturen van ontdekkingsreizigers uit het verleden.

Joris nam het boek mee en keerde terug naar het dorp. Hij deelde de verhalen met zijn vrienden en buren, die gefascineerd waren door de avonturen van ontdekkingsreizigers.

Het Eiland van de Verborgen Geheimen werd een favoriete bestemming voor Joris en zijn vrienden. Samen verkenden ze de wonderen van het eiland en ontdekten ze nieuwe schatten van kennis en vriendschap.

En zo leefde Joris de Ontdekker verder, wetende dat avonturen en geheimen overal om ons heen liggen, klaar om ontdekt te worden door wie de moed heeft om te verkennen.

The Adventures of Joris the Explorer

In a quiet village lived a curious boy named Joris. He had always had a passion for discoveries. Every day after school, he embarked on adventures, searching for new and hidden treasures.

One warm summer day, Joris decided to follow an old map he had found in his grandparents' attic. The map led to a mysterious island in the middle of a large lake. The island was known as "The Island of Hidden Secrets."

With his binoculars in hand and a backpack full of snacks, Joris began his journey to the island. He rowed in an old rowboat to the middle of the lake and eventually reached the enigmatic island.

There, he discovered an enchanting forest filled with colorful flowers and exotic birds. As he ventured deeper into the forest, he saw a sparkling waterfall that led to a magnificent cave.

In the cave, Joris found an old treasure chest. His eyes sparkled with excitement as he opened the chest. Inside, there were no jewels, but something even more valuable: a book full of stories and adventures of explorers from the past.

Joris took the book with him and returned to the village. He shared the stories with his friends and neighbors, who were fascinated by the adventures of explorers.

The Island of Hidden Secrets became a favorite destination for Joris and his friends. Together, they explored the wonders of the island and discovered new treasures of knowledge and friendship.

And so Joris the Explorer continued to live, knowing that adventures and secrets are everywhere around us, ready to be discovered by those who have the courage to explore.

De Kleine Kunstenaar

In een slaperig stadje aan de rand van een groot bos woonde een jongen genaamd Lars. Lars was altijd gefascineerd door kunst en had een droom om een kunstenaar te worden. Hij spendeerde zijn vrije tijd aan het tekenen van kleurrijke schilderijen en het maken van beeldhouwwerken van klei.

Op een dag, toen Lars in het bos aan het wandelen was, ontdekte hij een magische vijver verscholen tussen de bomen. Het water van de vijver glinsterde als een regenboog, en het was omgeven door prachtige bloemen en vrolijk fluitende vogels.

Lars voelde meteen een golf van inspiratie. Hij haalde zijn schetsboek en potloden tevoorschijn en begon de schoonheid van de vijver vast te leggen. Hij tekende de bloemen, de weerspiegeling van de bomen in het water, en de kleurrijke vissen die in de vijver zwommen.

Terwijl hij tekende, merkte Lars iets wonderlijks op: zijn tekeningen kwamen tot leven! De bloemen begonnen te bloeien, de bomen werden groener, en de vissen begonnen te zwemmen. Het leek alsof de magische vijver zijn kunst tot leven bracht.

Lars was verrukt en besloot zijn kunst te delen met het hele stadje. Hij organiseerde een tentoonstelling in het park, waar hij zijn levendige schilderijen en beeldhouwwerken tentoonstelde.

Het stadje was verbaasd en betoverd door de kunstwerken van Lars. Mensen lachten, bewonderden de schoonheid van de natuur, en voelden zich geïnspireerd door zijn talent.

Maar Lars wist dat het de magie van de vijver was die zijn kunst tot leven had gebracht. Hij besloot de vijver te eren door een permanente kunstinstallatie in de buurt te maken, zodat anderen ook van de magie konden genieten.

En zo leefde Lars, de kleine kunstenaar, verder, wetende dat kunst de kracht had om de wereld om ons heen tot leven te brengen en mensen te verbinden met de schoonheid van de natuur.

The Little Artist

In a sleepy town on the edge of a vast forest lived a boy named Lars. Lars was always fascinated by art and had a dream of becoming an artist. He spent his free time drawing colorful paintings and creating clay sculptures.

One day, while Lars was wandering in the forest, he discovered a magical pond hidden among the trees. The water of the pond sparkled like a rainbow, and it was surrounded by beautiful flowers and birds singing joyfully.

Lars immediately felt a wave of inspiration. He took out his sketchbook and pencils and began to capture the beauty of the pond. He drew the flowers, the reflection of the trees in the water, and the colorful fish swimming in the pond.

As he drew, Lars noticed something wonderful: his drawings came to life! The flowers began to bloom, the trees turned greener, and the fish started to swim. It was as if the magical pond brought his art to life.

Lars was delighted and decided to share his art with the whole town. He organized an exhibition in the park, where he displayed his vibrant paintings and sculptures.

The town was amazed and enchanted by Lars' artworks. People smiled, admired the beauty of nature, and felt inspired by his talent.

But Lars knew that it was the magic of the pond that brought his art to life. He decided to honor the pond by creating a permanent art installation nearby, so that others could also enjoy the magic.

And so Lars, the little artist, continued to live, knowing that art had the power to bring the world around us to life and connect people with the beauty of nature.

De Avonturen van Mia en de Magische Lamp

In een klein dorpje aan de rand van een uitgestrekte woestijn woonde een meisje genaamd Mia. Ze was altijd gefascineerd door verhalen over avontuurlijke reizen en schattenjachten. Op een dag, toen Mia door de rommelmarkt liep, ontdekte ze een oude lamp die er mysterieus uitzag.

Met een nieuwsgierige glimlach nam Mia de lamp mee naar huis. Terwijl ze de lamp poetste, gebeurde er iets wonderbaarlijks. Er kwam een wervelende rook uit de lamp, en toen de rook opklaarde, verscheen er een geest!

De geest stelde zich voor als Zephyr en vertelde Mia dat ze recht had op drie wensen. Mia was verrukt en begon met haar eerste wens: ze wenste een spannend avontuur.

In een oogwenk werden Mia en Zephyr weggevoerd naar een exotisch oord, omringd door palmbomen en turquoise water. Hier begon hun avontuur. Ze verkenden verborgen grotten, ontmoetten vriendelijke dolfijnen en vonden zelfs een kaart naar een verloren schat.

Voor haar tweede wens wenste Mia dat ze de schat zou vinden. Samen met Zephyr volgde ze de kaart door de jungle en over bergen. Uiteindelijk bereikten ze een prachtig eiland waar de schat begraven lag. Toen Mia de kist opende, vond ze niet alleen gouden munten maar ook oude boeken vol spannende verhalen.

Voor haar laatste wens vroeg Mia om de reis met Zephyr nooit te laten eindigen. Zephyr glimlachte en stemde toe. Ze keerden terug naar het dorp, maar de geest bleef bij Mia als haar trouwe metgezel voor altijd.

Mia deelde haar avonturen en schatten met haar vrienden en buren, en ze werden geïnspireerd door haar verhalen. Het dorp bloeide op met de opwinding van avontuur, zelfs als ze niet de magische lamp hadden.

En zo leefde Mia verder, wetende dat de grootste avonturen en schatten te vinden waren in de verhalen die we deelden en de vriendschappen die we koesterden.

The Adventures of Mia and the Magic Lamp

In a small village on the edge of a vast desert lived a girl named Mia. She was always fascinated by stories of adventurous journeys and treasure hunts. One day, as Mia walked through the flea market, she discovered an old lamp that looked mysterious.

With a curious smile, Mia brought the lamp home. As she polished the lamp, something miraculous happened. Whirling smoke emerged from the lamp, and when the smoke cleared, a genie appeared!

The genie introduced himself as Zephyr and told Mia that she was entitled to three wishes. Mia was delighted and began with her first wish: she wished for an exciting adventure.

In an instant, Mia and Zephyr were transported to an exotic place, surrounded by palm trees and turquoise waters. Here, their adventure began. They explored hidden caves, met friendly dolphins, and even found a map to a lost treasure.

For her second wish, Mia wished to find the treasure. Together with Zephyr, she followed the map through the jungle and over mountains. Eventually, they reached a beautiful island where the treasure was buried. When Mia opened the chest, she found not only gold coins but also old books filled with thrilling stories.

For her final wish, Mia asked that the journey with Zephyr never end. Zephyr smiled and granted her wish. They returned to the village, but the genie remained with Mia as her loyal companion forever.

Mia shared her adventures and treasures with her friends and neighbors, and they were inspired by her stories. The village thrived with the excitement of adventure, even if they didn't have the magic lamp.

And so Mia continued to live, knowing that the greatest adventures and treasures were found in the stories we shared and the friendships we cherished.

De Dappere Dierenredder

In een afgelegen dorp aan de rand van een dicht bos woonde een jongen genaamd Daan. Daan had een groot hart voor dieren en droomde ervan om een echte dierenredder te worden. Hij bracht zijn dagen door met het observeren van de dieren in het bos en zorgde voor gewonde vogels en verdwaalde dieren.

Op een dag hoorde Daan over een zeldzaam en bedreigd dier, de Gouden Lynx, die ergens diep in het bos leefde. Niemand had het dier ooit gezien, maar het gerucht ging dat het in gevaar was.

Daan besloot dat hij de Gouden Lynx moest vinden en redden. Hij pakte zijn rugzak vol met voedsel en een kaart van het bos en begon zijn zoektocht. Het bos was dichtbegroeid en vol gevaarlijke paden, maar Daan gaf niet op.

Tijdens zijn reis ontmoette Daan verschillende dieren die zijn vrienden werden en hem hielpen. Een wijze uil gaf hem advies over het navigeren in het bos, een eekhoorn deelde zijn notenvoorraad, en een vriendelijke vos bood bescherming.

Uiteindelijk vond Daan een spoor dat naar de schuilplaats van de Gouden Lynx leidde. Hij sloop voorzichtig naar het dier toe en zag hoe prachtig en majestueus het was. Het leek echter gewond te zijn. Daan gebruikte zijn medische kennis en verzorgde de Lynx, die hem dankbaar aankeek.

Na enige tijd genas de Gouden Lynx en leidde Daan hem terug naar de veiligheid van het bos. Het nieuws verspreidde zich snel in het dorp, en iedereen prees Daan als de dappere dierenredder.

Maar Daan wist dat hij niet alleen had gehandeld. Hij had de hulp van zijn dierenvrienden en de kracht van vastberadenheid en mededogen gebruikt om de Gouden Lynx te redden.

En zo ging Daan verder, wetende dat hij altijd de dieren in het bos zou beschermen en dat ware dapperheid voortkomt uit het hart.

The Brave Animal Rescuer

In a remote village on the edge of a dense forest lived a boy named Daan. Daan had a big heart for animals and dreamed of becoming a real animal rescuer. He spent his days observing the animals in the forest and caring for injured birds and lost animals.

One day, Daan heard about a rare and endangered animal, the Golden Lynx, that lived deep in the forest. No one had ever seen the animal, but rumors circulated that it was in danger.

Daan decided that he had to find and rescue the Golden Lynx. He packed his backpack with food and a map of the forest and began his quest. The forest was densely wooded and filled with treacherous paths, but Daan didn't give up.

During his journey, Daan met various animals who became his friends and helped him. A wise owl gave him advice on navigating the forest, a squirrel shared its nut stash, and a friendly fox offered protection.

Eventually, Daan found a trail that led to the hiding place of the Golden Lynx. He stealthily approached the animal and saw how beautiful and majestic it was. However, it appeared to be injured. Daan used his medical knowledge and tended to the Lynx, which looked at him gratefully.

After some time, the Golden Lynx healed, and Daan led it back to the safety of the forest. The news quickly spread in the village, and everyone praised Daan as the brave animal rescuer.

But Daan knew that he hadn't acted alone. He had the help of his animal friends and the power of determination and compassion to save the Golden Lynx.

And so Daan continued, knowing that he would always protect the animals in the forest and that true bravery comes from the heart.

De Betoverende Muzikant

In een sprookjesachtig dorp aan de oever van een glinsterende rivier woonde een jongen genaamd Lucas. Lucas was gepassioneerd door muziek. Hij speelde op zijn viool en liet de melodieën weerklinken over de vallei, en de natuur leek tot leven te komen wanneer hij speelde.

Op een warme zomerochtend ontdekte Lucas een oud, vergeten muziekinstrument in de zolder van zijn grootvader. Het was een betoverende harp met snaren van zilverdraad. Lucas voelde dat deze harp iets bijzonders was en besloot haar mee te nemen naar het dorpsplein.

Toen Lucas begon te spelen, gebeurde er iets wonderlijks. De klanken van de harp vulden de lucht en reikten naar de bomen en de rivier. Plotseling begonnen de bomen zachtjes te wiegen op het ritme van de muziek, en de rivier danste met sprankelende golven.

Mensen uit het hele dorp verzamelden zich op het dorpsplein, betoverd door de muziek van Lucas. Zelfs de dieren uit het bos kwamen luisteren en sloegen met hun staarten in de maat.

Maar het meest magische gebeurde toen de sterren begonnen te fonkelen aan de nachtelijke hemel, terwijl Lucas bleef spelen. De hele vallei leek te baden in een zachte gloed van betovering.

Op dat moment verscheen er een fee voor Lucas, een fee van muziek en harmonie. Ze bedankte hem voor het brengen van vreugde en betovering in het dorp en bood hem een wens aan.

Lucas wenste dat de betoverende harp altijd magische muziek zou blijven spelen, zelfs als hij er niet was. De fee glimlachte en liet de harp stralen met een betoverende gloed voordat ze verdween.

Vanaf dat moment speelde de betoverende harp elke dag prachtige muziek in het dorp, zelfs als Lucas er niet was. Het dorp werd bekend als de plek waar muziek in de lucht zweefde, en mensen kwamen van ver om te luisteren naar de magische melodieën.

Lucas, wetende dat zijn muziek vreugde bracht aan iedereen, ging op reis om nog meer betoverende muziek te ontdekken en te delen.

En zo leefde de betoverende muzikant verder, wetende dat de kracht van muziek de wereld kan veranderen en harten kan vullen met vreugde.

The Enchanting Musician

In a fairytale-like village on the bank of a sparkling river lived a boy named Lucas. Lucas was passionate about music. He played his violin, and the melodies echoed through the valley, making nature come to life when he played.

One warm summer morning, Lucas discovered an old, forgotten musical instrument in his grandfather's attic. It was an enchanting harp with strings of silver thread. Lucas felt that this harp was something special and decided to take it to the village square.

When Lucas started playing, something magical happened. The sounds of the harp filled the air and reached out to the trees and the river. Suddenly, the trees began to sway gently to the rhythm of the music, and the river danced with sparkling waves.

People from the entire village gathered in the village square, enchanted by Lucas's music. Even the animals from the forest came to listen, wagging their tails in time with the music.

But the most magical moment occurred when the stars began to twinkle in the nighttime sky as Lucas continued to play. The entire valley seemed to bathe in a soft glow of enchantment.

At that moment, a fairy appeared before Lucas, a fairy of music and harmony. She thanked him for bringing joy and enchantment to the village and offered him a wish.

Lucas wished that the enchanting harp would always play magical music, even when he wasn't there. The fairy smiled and made the harp shine with an enchanting glow before she disappeared.

From that day on, the enchanting harp played beautiful music in the village every day, even when Lucas wasn't there. The village became known as the place where music floated in the air, and people came from far and wide to listen to the magical melodies.

Lucas, knowing that his music brought joy to everyone, set off on a journey to discover and share even more enchanting music.

And so the enchanting musician continued to live, knowing that the power of music can change the world and fill hearts with joy.

Het Geheim van de Verborgen Tuin

In een oud herenhuis aan de rand van de stad woonde een nieuwsgierig meisje genaamd Emma. Emma had altijd al van geheimen gehouden en was vastbesloten om de grootste ontdekking van haar leven te doen. Ze had gehoord over een mysterieuze verborgen tuin diep in het omliggende bos, maar niemand wist waar die precies lag.

Op een heldere lentedag besloot Emma op onderzoek uit te gaan. Ze pakte haar rugzak, vulde hem met lekkernijen en een kompas, en ging op pad. Het bos was dichtbegroeid en vol met kronkelende paden, maar Emma was vastberaden om de geheime tuin te vinden.

Terwijl ze dieper het bos in ging, hoorde Emma het gefluister van de bomen en het gezang van de vogels om haar heen. Het leek bijna alsof het bos haar aanmoedigde om door te gaan.

Na uren van zoeken stuitte Emma eindelijk op een oude, met klimop bedekte poort diep verscholen tussen de bomen. Ze duwde de poort open en betrad de betoverende verborgen tuin.

De tuin was als een sprookje. Kleurrijke bloemen bloeiden in overvloed, en vlinders fladderden vrolijk rond. In het midden van de tuin stond een majestueuze fontein die glinsterend water omhoog spoot.

Terwijl Emma door de tuin wandelde, ontdekte ze een geheime deur aan het einde van een pad. Ze duwde de deur open en ontdekte een oude boom met een deur in zijn stam.

Achter de deur bevond zich een kleine kamer vol boeken en kaarten. Het was de schuilplaats van een oude ontdekkingsreiziger die ooit de tuin had gevonden. In de boeken stonden verhalen en aanwijzingen voor andere geheime plekken in de wereld.

Emma nam een boek en keerde terug naar huis, wetend dat ze haar eigen avonturen zou beleven en nieuwe geheimen zou ontdekken.

En zo leefde Emma, het meisje van de verborgen tuin, verder, wetende dat er altijd meer te ontdekken valt als je vastberaden en nieuwsgierig bent.

The Secret of the Hidden Garden

In an old mansion on the outskirts of the city lived a curious girl named Emma. Emma had always loved secrets and was determined to make the greatest discovery of her life. She had heard about a mysterious hidden garden deep in the surrounding forest, but no one knew exactly where it was.

On a clear spring day, Emma decided to set out on an adventure. She packed her backpack, filled it with treats and a compass, and headed out. The forest was densely wooded and filled with winding paths, but Emma was determined to find the secret garden.

As she ventured deeper into the forest, Emma heard the whispers of the trees and the songs of the birds around her. It almost seemed as if the forest was encouraging her to keep going.

After hours of searching, Emma finally stumbled upon an old, ivy-covered gate hidden deep among the trees. She pushed the gate open and entered the enchanting hidden garden.

The garden was like a fairy tale. Colorful flowers bloomed abundantly, and butterflies fluttered joyfully around. In the center of the garden stood a majestic fountain that sprayed sparkling water into the air.

As Emma walked through the garden, she discovered a secret door at the end of a path. She pushed the door open and found an old tree with a door in its trunk.

Behind the door was a small room filled with books and maps. It was the hideaway of an old explorer who had once discovered the garden. The books contained stories and clues to other secret places in the world.

Emma took a book and returned home, knowing that she would embark on her own adventures and uncover new secrets.

And so Emma, the girl of the hidden garden, continued to live, knowing that there is always more to discover when you are determined and curious.

De Magische Ballonvaart

In een rustig dorpje aan de rand van een uitgestrekt veld woonde een nieuwsgierig meisje genaamd Sophie. Sophie was altijd gefascineerd geweest door de lucht en had een droom om ooit met een luchtballon te vliegen. Ze bestudeerde boeken over ballonvaarten en droomde van de dag dat ze zelf de lucht in zou kunnen stijgen.

Op haar verjaardag kreeg Sophie een bijzonder cadeau van haar grootvader, een magische luchtballon. Deze ballon was niet zomaar een ballon; hij kon vliegen zonder gas en was gestreept in de kleuren van de regenboog.

Op een zonnige ochtend besloot Sophie om haar droom werkelijkheid te laten worden. Ze klom in de magische luchtballon en wachtte vol spanning. Plotseling, zonder dat er gas of hete lucht nodig was, stegen ze op en zweefden ze zachtjes de lucht in.

Sophie was verbaasd en opgewonden. Ze vloog hoog boven de velden en zag het dorp onder zich kleiner worden. De wind voerde haar mee over bossen, rivieren en bergen. Het was een adembenemend avontuur.

Terwijl ze vloog, ontmoette Sophie een zwerm kleurrijke vogels die met haar meevlogen. Samen maakten ze prachtige formaties in de lucht, alsof ze een balletvoorstelling opvoerden.

Na vele uren in de lucht begon Sophie zich af te vragen hoe ze weer veilig op de grond kon landen. Ze dacht aan haar grootvader en zijn wijze woorden: "Een wens kan je overal naartoe brengen, maar het is de kracht van je hart die je weer thuisbrengt."

Sophie sloot haar ogen en wenste met heel haar hart om veilig terug te keren naar huis. De magische luchtballon luisterde naar haar wens en begon langzaam te dalen.

Toen Sophie landde, was ze omringd door haar vrienden en familie, die haar met open armen ontvingen. Ze had haar droom waargemaakt en geleerd dat de kracht van wensen en de moed om te verkennen echt magisch kunnen zijn.

En zo leefde Sophie, het meisje van de magische luchtballon, verder, wetende dat avonturen altijd binnen handbereik liggen voor degenen die durven te dromen.

The Magical Hot Air Balloon Ride

In a quiet village on the edge of a vast field lived a curious girl named Sophie. Sophie had always been fascinated by the sky and dreamed of one day flying in a hot air balloon. She studied books about balloon flights and dreamed of the day when she could soar into the sky herself.

On her birthday, Sophie received a special gift from her grandfather, a magical hot air balloon. This balloon was not just any balloon; it could fly without gas and was striped in the colors of the rainbow.

On a sunny morning, Sophie decided to make her dream come true. She climbed into the magical hot air balloon and waited in anticipation. Suddenly, without the need for gas or hot air, they rose and floated gently into the sky.

Sophie was amazed and thrilled. She flew high above the fields and saw the village below becoming smaller. The wind carried her over forests, rivers, and mountains. It was a breathtaking adventure.

As she flew, Sophie encountered a flock of colorful birds that flew with her. Together, they created beautiful formations in the sky, as if they were performing a ballet.

After many hours in the air, Sophie began to wonder how she could safely land back on the ground. She thought of her grandfather and his wise words: "A wish can take you anywhere, but it is the power of your heart that brings you back home."

Sophie closed her eyes and wished with all her heart to safely return home. The magical hot air balloon listened to her wish and began to descend slowly.

When Sophie landed, she was surrounded by her friends and family, who welcomed her with open arms. She had fulfilled her dream and learned that the power of wishes and the courage to explore can truly be magical.

And so Sophie, the girl of the magical hot air balloon, continued to live, knowing that adventures are always within reach for those who dare to dream.

De Reis van Rob en de Sprekende Boom

In een vredig dorp aan de rand van een uitgestrekt bos woonde een jongen genaamd Rob. Rob hield van de natuur en de verhalen die de oude bomen in het bos te vertellen hadden. Hij bracht uren door met luisteren naar de fluisteringen van de bladeren en het geritsel van de takken.

Op een bijzondere dag ontdekte Rob een oude, majestueuze boom in het hart van het bos. Wat deze boom zo speciaal maakte, was dat hij kon praten. De boom stelde zich voor als Woudric en vertelde Rob over de eeuwenoude geheimen van het bos.

Woudric vertelde Rob over een verloren schat diep in het bos verborgen lag. Het was geen gewone schat, maar een schat van wijsheid en kennis. Rob, vol verwondering en opwinding, besloot om het avontuur aan te gaan en de schat te vinden.

Samen met Woudric als zijn wijze metgezel begon Rob zijn reis door het betoverde bos. Ze trotseerden donkere grotten, overwonnen uitdagende beproevingen en leerden van de dieren en planten die in het bos leefden.

Onderweg ontmoetten ze een nieuwsgierige uil die hen hielp bij het ontcijferen van oude inscripties, een vriendelijke vos die hen leidde naar geheime paden, en een speelse eekhoorn die hen voorzag van voedsel.

Na vele avonturen en ontberingen bereikten Rob en Woudric eindelijk de schat. Het was geen gouden kist, maar een prachtige bibliotheek met boeken vol kennis en verhalen van voorouders.

Rob besefte dat de echte schat niet in de boeken lag, maar in de reis zelf en in de vriendschap die hij had gesloten met Woudric en de andere bosbewoners.

Samen keerden ze terug naar het dorp en deelden ze hun avonturen en wijsheid met de mensen. Het dorp bloeide op met nieuwe kennis en een dieper begrip van de natuur.

En zo leefde Rob, de reiziger van het betoverde bos, verder, wetende dat de grootste schatten in de wereld vaak te vinden zijn in de verborgen hoeken van de natuur en in de harten van degenen die luisteren naar haar verhalen.

Rob's Journey and the Talking Tree

In a peaceful village on the edge of a vast forest lived a boy named Rob. Rob loved nature and the stories the old trees in the forest had to tell. He spent hours listening to the whispers of the leaves and the rustling of the branches.

On a special day, Rob discovered an old, majestic tree at the heart of the forest. What made this tree so special was that it could talk. The tree introduced itself as Woudric and told Rob about the age-old secrets of the forest.

Woudric told Rob about a lost treasure hidden deep within the forest. It wasn't an ordinary treasure, but a treasure of wisdom and knowledge. Rob, filled with wonder and excitement, decided to embark on the adventure and find the treasure.

With Woudric as his wise companion, Rob began his journey through the enchanted forest. They braved dark caves, overcame challenging trials, and learned from the animals and plants that lived in the forest.

Along the way, they met a curious owl who helped them decipher ancient inscriptions, a friendly fox who guided them to secret paths, and a playful squirrel who provided them with food.

After many adventures and hardships, Rob and Woudric finally reached the treasure. It wasn't a golden chest but a beautiful library filled with books of knowledge and stories from ancestors.

Rob realized that the real treasure wasn't in the books but in the journey itself and in the friendship he had formed with Woudric and the other forest dwellers.

Together, they returned to the village and shared their adventures and wisdom with the people. The village flourished with new knowledge and a deeper understanding of nature.

And so Rob, the traveler of the enchanted forest, continued to live, knowing that the greatest treasures in the world are often found in the hidden corners of nature and in the hearts of those who listen to its stories.